LES

CROYANCES FONDAMENTALES

DU

BOUDDHISME

AVEC PRÉFACE ET COMMENTAIRES EXPLICATIFS

PAR

ARTHUR ARNOULD

Président de la Branche française de la Société Théosophique

ओं

PARIS

PUBLICATIONS DE LA SOCIÉTÉ THÉOSOPHIQUE

11, RUE DE LA CHAUSSÉE-D'ANTIN, 11

—

1895

LES

CROYANCES FONDAMENTALES

DU BOUDDHISME

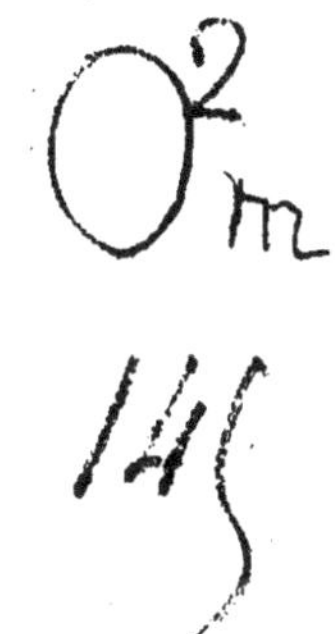

LES

CROYANCES FONDAMENTALES

DU

BOUDDHISME

AVEC PRÉFACE ET COMMENTAIRES EXPLICATIFS

PAR

ARTHUR ARNOULD
Président de la Branche française de la Société Théosophique

PARIS
PUBLICATIONS DE LA SOCIÉTÉ THÉOSOPHIQUE
11, RUE DE LA CHAUSSÉE-D'ANTIN, 11

1895

PRÉFACE

Le Bouddhisme, qui a précédé le Christianisme, de plusieurs siècles, est encore aujourd'hui la religion du Globe qui compte le plus de fidèles, dont le nombre, à lui seul, représente le quart de l'humanité.

On l'a souvent confondu avec la Théosophie, *ou, plutôt, on a souvent confondu la* Théosophie *avec le Bouddhisme, de même que les ignorants la confondent encore avec le Spiritisme.*

La Théosophie n'est point le Bouddhisme, qui n'est qu'une des Religions à symboles répandues à travers le monde, de même que la Théosophie n'est pas le Spiritisme, bien que les phénomènes spirites, indubitables et constatés scientifiquement, quand ils ne sont pas simulés par des charlatans, rentrent dans l'une des branches d'ordre inférieur de la Science Occulte.

La Théosophie *n'est pas une religion.*

Mais on peut trouver quelque chose de la Théosophie, sous tous les symboles, dans tous les dogmes religieux, par la bonne raison qu'elle est la Religion-Science *d'où sont sorties* toutes *les religions et* toutes *les sciences.*

En deux mots, la THÉOSOPHIE *est l'exposé doctrinal des Vérités* démontrées *par la* SCIENCE OCCULTE.

Cette Science est le résultat des connaissances des Lois de la nature, acquises et vérifiées, à travers une succession de siècles, dont le total effraie l'ignorance de nos cerveaux occidentaux, par un grand nombre d'Adeptes, qui s'en sont transmis et en ont gardé le dépôt jusqu'à nos jours, n'en laissant transpirer dans le public que la quantité mesurée à l'état de développement de nos forces intellectuelles et spirituelles.

Quand fut fondée la SOCIÉTÉ THÉOSOPHIQUE, *en 1875, par Mme H. P. Blavatsky et le colonel Olcott, on riait de la Science Occulte, comme d'un charlatanisme bon à duper les vieilles femmes et les paysans illettrés et superstitieux.*

Aujourd'hui, nos savants les plus grands et les plus sérieux s'en occupent, et commencent à reconnaître l'étonnante supériorité et la prodigieuse profondeur de cette Science Occulte, *de laquelle un des hommes les plus distingués de notre époque, après de longues études et de minutieuses investigations, a pu écrire, sans crainte d'être démenti par quiconque* sait *et est de bonne foi :*

« Les données des sciences dites occultes sont « souvent beaucoup plus certaines que celles de

« *la science officielle, auxquelles le public prête* « *une impeccabilité que les* vrais *savants sont* « *loin de leur attribuer* » (1).

Et celui qui a écrit cela n'est pas *un membre de la* Société théosophique, *mais un homme de science et d'esprit loyal, qui reconnaît la Vérité là où il la trouve, après avoir cherché par les méthodes les plus sévères et l'on pourrait dire les plus orthodoxes.*

D'ailleurs, un phénomène qui doit frapper tous les esprits qui pensent et qui raisonnent, — c'est que, depuis vingt ans, chacune des découvertes accomplies par la science officielle, *chacun de ses pas en avant, ont amené nos savants occidentaux, qui en frémissent, pourtant, d'horreur, sur le terrain théosophique et occultiste.*

*Toutes les Religions n'étant que des manifestations de l'*UNIQUE VÉRITÉ, *plus ou moins matérialisées en des symboles mis à la portée du public, suivant l'époque et l'état de développement intellectuel des peuples, il n'est pas étonnant qu'on retrouve un peu de Théosophie dans toutes ces Religions, qui ne sont que ses filles dégénérées, et notamment, lorsqu'il s'agit du Bouddhisme, qui en est, si l'on peut s'exprimer ainsi, la fille aînée, celle qui a conservé le*

(1) Voir le *Lotus Bleu* du 27 mai 1894.

plus des traits et du tempérament de sa mère.

Ceux qui voudront connaître à fond la question n'ont qu'à lire le Catéchisme Bouddhique *du colonel Olcott, qui en est à sa 32e édition, le* Bouddhisme ésotérique *de M. A. P. Sinnett,* La Clef de la Théosophie *par H. P. Blavatsky, et enfin la collection du* Lotus Bleu, *où se trouvent clairement exposés cette question et tout ce qui touche à la Théosophie et à l'Occultisme* scientifique, *par les plumes les plus autorisées.*

Mais si le Bouddhisme n'est encore qu'une Religion exotérique, *c'est-à-dire cachant certaines* Vérités *et certaines connaissances des* Lois de la Nature *sous l'épaisseur, plus ou moins transparente, suivant le développement spirituel de ceux qui la pratiquent, des symboles destinés à la masse, incapable de comprendre au-delà, — c'est, de toutes les religions connues, celle qui est restée la plus pure, la plus élevée, qui a le mieux conservé le reflet des Vérités éternelles et de la Science absolue.*

A ce point de vue, il est donc intéressant et utile d'en faire connaître les croyances fondamentales, éclairées et commentées à l'aide des enseignements de la Théosophie, basée sur la connaissance scientifique, *nous le répétons, des lois qui régissent l'Univers.*

A. A.

LES

QUATORZE ARTICLES

DES CROYANCES FONDAMENTALES

DU BOUDDHISME

Les croyances fondamentales du Bouddhisme, dont les sectes sont nombreuses, reposent en partie sur les quatorze articles suivants :

I. — On doit montrer la même tolérance, la même indulgence, le même amour fraternel, envers tous les hommes, sans distinction ; et une bonté inaltérable envers les membres du règne animal.

Cette prescription, qui ne fait aucune exception de race, de couleur, ou de religion, et qui englobe même les animaux laissés en dehors par les autres religions et notamment par le christianisme, repose sur cette affirmation de la Théoso-

1.

phie, — qui est aussi une vérité scientifique, — que tout ce qui est, n'est qu'un des aspects, qu'une des formes transitoires, de la Substance Unique et de l'Unique Esprit, d'où sont sorties toutes choses et où toutes choses doivent rentrer, après avoir évolué, des plus bas échelons jusqu'aux plus élevés, à travers une série indéfinie d'expériences successives, qu'emmagasinent et dont s'enrichissent tous les Etres.

Ici, la Fraternité n'est pas une simple aspiration sentimentale, mais un fait réel. — Nous sommes tous issus de la même matrice universelle. — Il n'y a pas *des hommes*, il y a *l'homme*, le même et unique homme. — Les différences qui nous séparent et constituent la personnalité, ne sont qu'apparentes et passagères : c'est la forme, aussi peu durable et aussi variable que des jeux de lumière sur les nuages au couchant.

Mais le fond, l'Essence, ce qui restera, est identique entre tous les Etres, quels qu'ils soient, à quelque degré de l'échelle sans fin de l'Evolution qu'ils se trouvent.

Les animaux sont à un degré inférieur de l'Evolution, — voilà tout.

C'est un stage que nous avons traversé, de même qu'ils atteindront, à leur tour, l'échelon où nous sommes, aujourd'hui, quand nous en aurons, nous, gravi bien d'autres.

Tout est relié dans le GRAND TOUT, depuis les États de matière si compacts que la Science moderne n'en a encore aucune idée, jusqu'aux États les plus subtils, dont actuellement elle ne se doute pas davantage.

Qui de nous n'a été révolté, en songeant au sort de l'animal, qui aurait été créé sensible et intelligent, uniquement pour souffrir, être maltraité, exploité, torturé, sans avenir, sans compensation, ni profit quelconque ?

Ce serait la souffrance pour la souffrance, le mal pour le mal, et ce qui révolte la justice de l'homme ne saurait être la loi de l'Univers.

***

II. — L'Univers a été évolué, et non créé ; il fonctionne d'après la Loi, et non d'après le caprice d'aucun Dieu.

La Théosophie, en effet, enseigne et la Science Occulte affirme, qu'il n'y a jamais eu *Création*, au sens ordinaire du mot, mais qu'il y a eu, de toute Eternité, des périodes alternatives d'activité et de repos, de même que les jours et les nuits se succèdent régulièrement sur notre globe, de même que la mort apparente de l'hiver remplace la vie passagère de l'été, qui recommence après l'hiver suivant, et ainsi de suite.

Ces périodes d'activité, pendant lesquelles apparaissent les Univers manifestés, s'appellent MANVANTARA, et les périodes de repos, pendant lesquelles toutes les formes objectives retournent à l'état subjectif, dans le sein de la Substance-Esprit unique, s'appellent Pralaya.

La durée de ces périodes alternatives, bien qu'incommensurable et de nature à nous donner le vertige, a été calculée exactement par la *Science Occulte*, qui en possède les chiffres.

Du reste, même la Science actuelle et le simple raisonnement viennent à l'appui de cet enseignement et de ces affirmations.

Les savants modernes constatent, chaque jour, des faits, qui indiquent que le monde manifesté, dont nous faisons partie, porte en soi des symptômes de désagrégation.

Les soleils s'éteindront, de même qu'ils se sont allumés, et toute vie, au sens où nous l'entendons, disparaîtra, pour renaître sous d'autres formes.

Quant à la raison, elle nous dit également que la *création* est chose impossible.

Dans l'Eternité, il n'y a qu'un seul moment : — TOUJOURS !

Dans l'infini, il n'y a qu'une seule loi : — La LOI !

Si, un seul instant, il n'y avait *rien eu*, Rien eût été toujours.

Avant la création, comme *après*, c'est l'Eternité.

Où prendre, où placer l'instant de la Création ?

Il n'existe pas, il ne peut exister !

Même la chimie moderne est obligée de constater que rien ne se crée, que rien ne se perd.

Tout se transforme.

De même qu'il n'y a dans l'infini que la SUBSTANCE — ESPRIT UNE, il n'y a, il ne peut y avoir qu'une LOI, et aucun Dieu, en *dehors* de l'Univers, pas plus qu'aucune volonté, en dehors de la loi.

Si un Dieu était en dehors des Univers manifestés, il serait limité par eux. — Donc il ne serait pas, car si l'Eternel, l'Infini et l'Absolu, pouvaient être limités, ils ne seraient ni l'Eternel, ni l'Infini, ni l'Absolu, et il faudrait les chercher ailleurs.

S'il y avait une Volonté, en dehors de la *Loi*, cette Volonté serait supérieure à la Loi ; donc ce serait cette Volonté qui serait la Loi, et, par conséquent, le caractère de la Loi étant d'être immuable, on ne saurait découvrir le moment où elle n'aurait pas agi, et celui où elle aurait agi.

Une *Loi* agit toujours.

On peut comparer les périodes d'activité, ou de manifestations (Manvantara) et les périodes de repos, ou d'obscuration (Pralaya), au double mouvement rythmique du cœur, dans l'homme, qui chasse le sang à travers le corps, puis le réabsorbe, alors qu'il a parcouru son Cycle et qu'il revient chargé de tous les éléments qu'il a reçus dans son parcours.

Il y a un grand battement rythmique dans l'Infini, dans le TOUT UNIQUE, qui, alternativement, émane les formes transitoires, à travers lesquelles circule et se développe l'ESPRIT UNIQUE, et les réabsorbe, quand par elles ont été acquises l'*Expérience* et la *Connaissance*.

Donc point de Dieu à type humain, en dehors de sa création, n'ayant pas voulu, puis ayant voulu ceci ou cela : — LA LOI, la Loi seule, qui est LUI-MÊME, puisqu'elle est sa manifestation.

*
* *

III. — Les vérités sur lesquelles repose le Bouddhisme sont naturelles. Elles ont été enseignées, croyons-nous, dans des kalpas successifs ou périodes du monde, par certains êtres illuminés, appelés Bouddhas ; — le mot Bouddha signifie Eclairé.

Toutes les vérités sont *naturelles*. Dans la nature, il ne peut y avoir rien de *surnaturel*, c'est-à-dire qui soit au-dessus ou en dehors de la Nature, c'est-à-dire de la LOI, qui est *unique* et *absolue*.

Ce que les Religions appellent *mystères* et *miracles* sont tout simplement des applications ou manifestations de la Loi, en dehors et au-dessus de notre savoir et de notre entendement actuels.

Si nous voyions un homme marcher sur les flots, ou s'élever dans les airs, sans aucun appui, — ce qui d'ailleurs, se produit très bien, les phénomènes de *lévitation* étant parfaitement constatés, — il ne faudrait pas crier au miracle, mais simplement constater qu'on se trouve devant un phénomène naturel, dont nous ne connaissons pas encore l'explication, — et la chercher.

La Théosophie enseigne que le miracle n'existe ni ne peut exister, et que nier un fait nouveau parce qu'il nous paraît extraordinaire, ou le déclarer impossible, *a priori*, est une simple preuve d'ignorance.

Les possibilités ne s'arrêtent pas là où s'arrêtent notre science et la portée de notre esprit.

Augmentons l'une, étendons l'autre, et nous verrons s'aggrandir indéfiniment, sans que jamais cela s'arrête, le cercle des possibilités.

Le Bouddhisme est la seule religion qui ne fasse pas présider, à sa naissance, le miracle et la volonté d'une déïté quelconque.

Tout ce qui est est naturel. La religion n'est que l'énonciation, sous forme symbolique, matérialisée et mise à la portée de la foule, des grandes vérités résultant de la connaissance approfondie et la plus étendue possible des manifestations diverses de la *Loi Unique*, qu'on appelle : Lois de la nature.

Ces vérités sont enseignées, non par Dieu, ou ses envoyés, mais par des Êtres, plus complètement évolués ou développés que les hommes antérieurs ou actuels. Ces Êtres plus avancés ont acquis la science de ces Lois, et ils en font connaître, nous le répétons, sous une forme synthétique et simplifiée, tout ce que le cerveau des races auxquelles ils s'adressent, en peut concevoir ou admettre, suivant certaines époques, dont l'heure sonne, d'après certaines lois régulières.

Ces *Bouddhas* sont ce que la Théosophie et la Science Occulte appellent des *Initiés*, des *Maîtres*, des *Adeptes* ou *Mahatmas*, qui ont parcouru tout le stage humain, et qui aident leurs frères moins avancés.

L'humanité entière arrivera, un jour, à ce degré de savoir et de développement, pareil à l'idée que les occidentaux se font de leur Dieu anthropomorphique, et ce sera notre tour, dans des *Manvantaras* futurs, d'aider d'autres humanités nous succédant, sous d'autres aspects et dans d'autres milieux, car si *tout continue, rien ne se répète.*

∴

IV. — Le quatrième Maître du Kalpa actuel a été Çakya-Muni ou Gautama Bouddha, qui naquit d'une famille royale, il y a environ 2.500 ans. C'est un personnage historique, et son nom était Siddharta Gautama.

Donc rien de merveilleux, ni de surnaturel, aucune intervention miraculeuse et soi-disant divine, à l'origine du Bouddhisme.

C'est la seule religion qui se présente aux hommes sous cet aspect raisonnable, simple et purement scientifique.

Et cela seul suffirait à démontrer déjà que le Bouddhisme est plus près de la vérité, encore éclairé des rayons directs de l'Unique Religion et de l'Unique Science.

En effet, toute vérité qui s'éloigne de sa source, qui passe par la tradition de bouche en bouche, devient légende, se charge en chemin d'une foule d'éléments étrangers, qui l'alourdissent, l'enveloppent, la défigurent et finalement la masquent presqu'absolument, de même que le diamant, fils de la lumière et de la chaleur, a fini, dans les entrailles de la terre, par se recouvrir d'une gangue compacte, qui lui donne l'aspect d'un vulgaire caillou, *pour quiconque n'a pas appris à le reconnaître.*

Dans les Religions, cette gangue s'appelle la *Lettre qui tue l'Esprit.*

Aussi, toutes les Religions ont-elles leur *Esotérisme*, c'est-à-dire cette explication, cachée soigneusement à la foule, qui n'y comprendrait rien, et qui les rattache à l'Unique Religion-Science, dont le dépôt et les Enseignements sont apportés, au début de toutes les Humanités, à l'heure nécessaire et propice.

Cet Esotérisme, toutes les religions de l'Antiquité en possédaient la clef. — C'était lui qu'on enseignait, après de longues et terribles épreuves, aux *Initiés* des temples d'Égypte, de la Grèce, de Rome, de l'Univers entier.

Tous les grands-prêtres de tant de cultes divers, y compris ceux du Temple de Jérusalem, appartenaient à une seule et même Religion secrète.

Tous les Initiés, de quelque pays ou race qu'ils fussent, quel que fût le nom du Dieu, ou des Dieux, et la nature des rites et des sacrifices, du peuple auquel ils appartenaient, étaient admis dans l'intérieur de tous les temples.

On en a de nombreuses preuves historiques.

Une des plus frappantes est le fait qu'Alexandre-le-Grand, lorsque. dans le cours de ses conquêtes, il arriva aux portes de Jérusalem, n'eut qu'à faire les signes connus pour que le successeur d'Aaron l'introduisit dans le sanctuaire, là où aucun profane n'était admis.

Et cependant l'on sait jusqu'à quel point de fanatisme exclusif allait le mépris de la Religion juive pour ceux qu'elle appelait les *Gentils,* pour ceux qui n'adoraient pas le Jéhovah de Moïse.

C'est qu'Alexandre le païen était un Initié, quelque inférieur que fut son degré, comme le grand-prêtre du Temple, et que tous deux, par conséquent, savaient qu'il n'y a qu'*une même Religion,* laquelle n'est autre que la *Théosophie* appuyée sur la Science Occulte.

C'est ce qu'exprime le début des *Vers Dorés* de Pythagore, — où se trouvent enseignées sous un voile discret, quelques-unes des grandes Vérités de la Religion unique, — quand il dit :

« Rends aux Dieux immortels, le culte consacré :
« Garde ensuite ta Foi. »

Pythagore était un Initié, Orphée, également,

et Moïse, élève des prêtres Égyptiens, et Jésus-Christ, aussi, prêchant en paraboles.

Certains premiers apôtres du Christianisme, saint Paul, — même un Évangéliste, saint Jean (1), — et quelques Pères de l'Eglise (2), au début, ont été des *Initiés*.

Malheureusement, aujourd'hui, le Catholicisme semble avoir perdu complètement la connaissance de son *Esotérisme*, de même que les *Francs-maçons* ont perdu le sens de leurs symboles, et ne savent plus ni ce qu'ils font, ni ce qu'ils représentent.

Quant au Protestantisme, il n'a jamais eu d'Esotérisme, n'étant guère qu'une amputation du Symbolisme, qui, dans toutes les religions, rappelle, en les matérialisant sous un triple voile, les grandes Vérités absolues de la Science Occulte.

Ce qu'en Théosophie on appelle des Bouddhas sont des hommes, qui, après avoir atteint, individuellement, par des efforts inouis, un degré de développement qui fait d'eux ce que les Religions *exotériques* appellent un Dieu, renoncent volontairement, — *c'est la Voie de Renonciation*, — à la paix et au bonheur conquis, pour revenir tendre la main à leurs frères plus arriérés et leur montrer le chemin, en leur enseignant quelques-unes des vérités approximatives, à la portée de tous.

Il y a des époques pour l'arrivée de ces ***Maîtres***,

1. Celui, du moins, qui a écrit l'Evangile qui porte ce nom et la *Révélation*.

2. Clément, Origène.

et Bouddha, comme on nous le dit, a été le *quatrième* maître du Kalpa actuel, c'est-à-dire d'une période commencée, il y a longtemps, et qui n'est pas à sa fin.

Le Bouddhisme ayant apparu 600 ans environ avant le christianisme, il est facile, en comparant les enseignements, de constater tout ce que l'Evangile et l'Eglise lui ont pris, ou en ont modifié, par un véritable rétrécissement, une sorte de contraction, qui matérialise, suivant la loi intellectuelle et psychique que nous avons indiquée plus haut.

⁂

V. — Cakya Muni a enseigné que l'Ignorance produit le Désir, que le Désir non satisfait est la cause de la Renaissance, et la Renaissance la cause de la Douleur. Pour se débarrasser de la Douleur, il est donc nécessaire d'échapper à la Renaissance ; pour échapper à la Renaissance, il est nécessaire d'éteindre le Désir, et pour éteindre le Désir, il est nécessaire de détruire l'Ignorance.

Ici, nous arrivons au cœur même de la Doctrine ; ici, commence l'exposé de quelques vérités fondamentales, dont le Bouddhisme seul, parmi les Religions existantes, a conservé la tradition et l'enseignement, même dans son aspect *exotérique* de Religion destinée au peuple.

La Théosophie, en effet, a propagé de tout temps, la Doctrine des *Réincarnations*, qui, avec la Doctrine de *Karma*, — dont nous parlerons plus loin, — forment les deux colonnes de l'Enseignement exotérique de la *Société Théosophique*.

La *Réincarnation* n'est pas une hypothèse, une spéculation métaphysique quelconque.

Il en existe des preuves nombreuses de tout ordre : morales, philosophiques, scientifiques, historiques (1).

Mais procédons par ordre.

« *L'ignorance produit le désir.* »

C'est-à-dire :

L'homme, ignorant sa véritable nature, son *origine* et sa *fin*, — en tant que ces mots peuvent s'appliquer à ce qui n'a pas eu de commencement et n'aura pas de terme, et en ne les prenant que dans un sens tout à fait exotérique et relatif ; — ignorant les Lois réelles de la vie ; ignorant ce qui succède à sa passagère existence terrestre, et le *pourquoi* de cette existence passagère, — *désire* logiquement et naturellement la prolongation de cette existence, — la seule qu'il connaisse ; il s'y attache, la regarde comme le point culminant, définitif de son évolution, et par suite recherche avidement les quelques jouissances aléatoires, trompeuses, incomplètes, laissant toujours une

1. Voir le *Lotus Bleu* (5ᵉ année), et le remarquable travail du Dʳ Pascal, intitulé : *La Réincarnation, ses preuves morales, philosophiques et scientifiques.*

déception au cœur, une désillusion à l'esprit, un goût amer aux lèvres, qu'on peut y cueillir ; — n'en conçoit et n'en rêve point d'autres.

Tel est ici le sens exact du mot *Ignorance* et du mot *Désir*.

« *Le Désir non satisfait est la cause de la Renaissance.* »

Première affirmation de la plus grande loi, qui est la clef du mystère, avec *Karma*, et dont l'énoncé bouleversa tout d'abord les ignorants et les cerveaux occidentaux, moulés dans le christianisme et le scientisme officiel.

Cela veut dire que nous nous créons à nous-mêmes notre propre sort, QUE TOUT CE QUE NOUS DÉSIRONS, NOUS LE RÉALISONS, que nous allons toujours où nous porte notre désir, qui décide, avec Karma, — de notre avenir, ici-bas et au-delà.

« *La Renaissance est la cause de la douleur* ».

En effet, tout le monde sait par expérience personnelle combien la vie terrestre est pleine, même pour les plus heureux, même pour ceux que, suivant la locution populaire, on appelle « les favorisés du sort », de déboires, de déceptions, de souffrances morales et physiques.

La souffrance est partout, en nous et autour de nous ; le premier cri du nouveau-né est un cri de douleur : — enfanté dans la douleur, par la douleur, pour la douleur !

A côté de toutes les maladies physiques qui nous menacent, nous assiègent et finalement nous emportent, il y a toutes les maladies morales : — vices, passions.

Rien ne nous satisfait : voyez l'ambitieux, le joueur, l'ivrogne, l'avare, l'envieux, le vaniteux.

Nos sentiments les meilleurs, nos affections les plus douces, après avoir été roses, sont épines qui font couler le sang de nos cœurs.

Ceux que nous aimons, ceux à qui s'attache notre âme, en admettant, chose rare, que nous n'y trouvions pas lassitude, déception, exploitation, ou trahison, la mort nous les enlève, soit qu'ils partent avant nous, soit que nous partions avant eux.

En face de tous les berceaux, il y a une tombe... Entre les deux, des cœurs brisés.

Même le plaisir, le plaisir purement sensuel et matériel, les jouissances que procurent la fortune et les plus hautes situations sociales, — lorsque nous étendons la main pour les prendre, tout cela glisse entre nos doigts, nous laissant ou la fatigue morne ou une soif plus ardente.

De loin, c'était quelque chose.

De près, ce n'est plus rien.

Fragilité des choses humaines ! — dit le chrétien.

Tout bonheur qui n'est pas éternel, n'est pas un bonheur, — dit le théosophe.

Tout cela prouve deux choses :

1° Que la vie terrestre n'est pas un bien, en soi ;

2° Que si nous ne trouvons la satisfaction complète en rien de ce que la vie terrestre nous donne, c'est que nous avons, en nous, le désir d'*autres* joies et d'*autres* bonheurs.

Balzac a dit :

« Un long espoir est une promesse d'avenir ».

Cela est juste.

Un désir ne répondant à rien qui soit, non-seulement est absurde, mais impossible et inconcevable.

Pour que l'homme put désirer ce qui ne serait nulle part et sous aucune forme, il faudrait qu'il put concevoir quelque chose qui n'est pas, — qui serait en dehors de la Nature, dont il fait partie et des Lois qu'il subit, — et cela ne se peut,

Donc :

« *Pour se débarrasser de la Douleur, il est nécessaire d'echapper à la Renaissance.* »

Mais, comme c'est le désir de la vie terrestre qui nous ramène à cette vie, puisque nous allons toujours où nous porte notre désir, en vertu de la loi de l'affinité, qui domine et régit les âmes, de même qu'elle régit la combinaison des corps dans la cornue du chimiste :

« *Pour échapper à la Renaissance, il est nécessaire d'éteindre le Désir.* »

Et le Désir ne résultant que de notre ignorance de la vérité, tout se ramène à ceci :

« *Détruire l'Ignorance.* »

En effet, dès que nous *savons*, toute notre conception intellectuelle, toute notre vision morale, toutes nos opérations spirituelles, changent d'objectif.

Donnez la vue à un aveugle, et sa conception entière de l'univers change à l'instant. L'espace qui s'arrêtait à la portée de sa main, restait fermé autour de lui, à chacun de ses pas, devient immense et sans bornes.

La nuit cesse, la lumière commence, et il perçoit l'immensité, une des formes de l'Infini.

∴

VI. — L'ignorance nourrit la croyance que la Renaissance est une chose nécessaire. Quand l'Ignorance est détruite, on perçoit le défaut de valeur de chacune de ces Renaissances considérées comme fin en soi, aussi bien que le Souverain Besoin d'adopter un genre de vie par lequel puisse être abolie la nécessité de ces Renaissances répétées.

L'ignorance engendre aussi l'idée illusoire et illogique qu'il n'y a qu'une existence pour l'homme, et cette autre illusion que cette Unique Vie est suivie d'états immuables de plaisirs ou de tourments.

Ici deux points seulement à relever, mais d'une importance capitale :

(A) «... *On perçoit le défaut de valeur de ces Renaissances considérées comme fin en soi...* »

En effet, la Vie a un but, ou elle n'en a pas. Elle a une raison, ou elle n'en a pas.

Dire que la vie n'a pas de but, c'est dire qu'elle n'a pas de raison ; — dire qu'elle n'a pas de raison, c'est dire qu'il y a des *effets sans causes*, — ce qui n'est pas.

Donc la vie sur cette terre a une *cause*, donc elle est un *effet*.

Mais tout effet devient cause à son tour et produit d'autres effets.

Donc notre vie produit des effets, qui eux-mêmes sont des causes qui engendrent d'autres effets, et ainsi de suite, sans que cela s'arrête jamais.

Par conséquent, la fin ou le but, ou la raison de notre vie terrestre, n'est pas dans cette vie terrestre elle-même ; elle n'est qu'un anneau d'une chaîne, qui, ainsi que tout, plonge en arrière et en avant dans l'éternel, l'infini, et l'absolu, d'où tout émane et où tout se meut, c'est-à-dire évolue par une série de transformations.

A quoi sert cette vie que nous vivons ici-bas?

Si elle avait sa fin en elle-même, cette fin serait le Mal, — puisqu'elle se passe dans la souffrance morale et physique, dans l'injustice sociale et naturelle, d'une part, — et d'autre part, — le Néant, puisque, n'ayant d'autre fin qu'elle-même, tout devrait finir avec elle, à l'heure de la mort.

Mais le Néant *après* implique le Néant *avant*.

Le Néant ne peut être un point dans quelque chose. — Il faut nécessairement qu'il soit partout ou nulle part.

Alors la vie qui serait sortie du Néant retournerait au Néant.

Mais pendant qu'elle est, il y aurait quelque chose.

Donc le Néant cesserait.

Or, s'il cesse un instant, il cesse pour toujours, puisque rien ne se crée et rien ne se perd.

Donc le Néant n'existe point ; — il n'y a que la VIE, en tout, partout, toujours, égale à l'Eternité, sous des formes diverses, éternellement changeantes.

C'est la loi de l'Évolution, que les Darwiniens limitent aux choses physiques, — qui ne sont qu'un des aspects de la vie, — et que la Science Occulte a étudiée et constatée dans tous les aspects de l'Être, à travers toutes les manifestations transitoires de la *Substance-Esprit Unique*.

Si la vie terrestre n'avait d'autre fin ou d'autre but qu'elle-même, ce serait comme si elle n'avait point de but, puisque tout se terminerait par la mort, ou désagrégation des molécules corporelles.

Elle serait donc inutile : inutile la souffrance, inutile l'expérience acquise, inutile le développement qui fait de l'enfant, simple animal, au début, un homme, — lequel apprend, développe son jugement, élève ses sentiments, agrandit ses idées, et, en somme, bien ou mal, plus ou moins, sait au départ mille choses qu'il ignorait à l'arrivée.

Mais l'*inutile*, c'est la même chose que le *néant*, sous une autre forme, — et l'inutile ne saurait être.

D'ailleurs, puisque rien ne se perd, nous ne devons pas plus perdre tout ce monde d'idées, de sentiments, d'expériences acquises, que la vie nous apporte, que ne se perdent nos éléments purement physiques, les moindres atomes de notre corps.

Il n'y a pas deux lois, il n'y en a qu'une. Si rien ne se perd, — *rien absolument ne peut se perdre.* Or, nos idées, nos sentiments, nos vices même, aussi bien que nos vertus, — sont quelque chose, — quelque chose de *très réel* même, de véritables forces, bonnes ou mauvaises, peu importe, qui, une fois engendrées, restent, — comme tout !

D'autre part, puisque la vie produit des effets, ainsi que toute Cause en produit, ces *effets*, sortis de nous-mêmes, persistent, générant, à leur tour, d'autres effets.

Ces effets sont de nous, donc ils sont nous aussi. — Dans tout effet, on retrouve sa cause.

Or, ces effets persistent, et par eux, nécessairement, nous persistons aussi.

D'ailleurs, l'évolution du fœtus, dans le sein de sa mère, en est la preuve scientifique.

On sait, effectivement que le fœtus reproduit, pendant la période de gestation, toutes les formes des règnes qui précèdent le règne humain, et par lesquels a passé ce qui est l'homme aujourd'hui, avant de devenir cet homme.

Tout cela a été emmagasiné en lui, et il n'en a rien perdu.

Ce qu'on appelle des *instincts,* sont un ressouvenir des expériences acquises dans d'autres règnes, notamment, le règne animal, — et beaucoup de ses passions aussi, — les plus inférieures ; — de même que sa *conscience*, ses *idées innées*, ne sont également qu'un ressouvenir des expériences de ses incarnations antérieures.

Pourquoi attribuer moins d'importance, moins de réalité, à la pensée qu'au corps ?

La pensée, c'est-à-dire le monde moral, intellectuel, psychique et spirituel, — disent les matérialistes, — est un produit du cerveau, comme la bile est un produit du foie.

Acceptons cette définition, — quoique fausse, — pour un moment, et réfutons les matérialistes sur leur propre terrain.

Est-ce que le produit du foie se perd, s'anéantit ? — Est-ce que tous les atomes n'en persistent pas éternellement, transformés ou constituant d'autres agrégats ?

Eh ! bien, alors, pourquoi ce que vous appelez le produit, — la *sécrétion* du cerveau, — se perdrait-il et s'anéantirait-il ?

Est-ce qu'une idée, même un sentiment, ne vaut pas une excrétion quelconque ?

Pour le nier, il faut que vous en arriviez, — vous contredisant, et vous réfutant vous-mêmes, — à déclarer qu'une idée et qu'un sentiment sont autre chose que de la bile, et, en effet, vous n'en trouvez pas trace dans vos cornues.

Si c'est *autre chose*, ce n'est donc pas une simple sécrétion du cerveau, semblable à la sécrétion du foie ?

Et vous voilà niant ce que vous venez d'affirmer, affirmant ce que vous venez de nier.

Tout cela ne tient pas, même devant le raisonnement humain, le plus ordinaire.

La *Théosophie* et la *Science Occulte* nous enseignent, elles, que les vies successives que nous vivons sur la terre, renaissant et nous réincarnant dans des personnalités différentes et transitoires, ont pour but de développer en nous la *Soi-Conscience*, c'est-à-dire de rendre conscient de lui-même l'*Esprit Universel et Unique* qui n'est encore en nous qu'à l'état latent, et qui est la partie immortelle de nous-même.

Il faut que, martelés par la souffrance, assouplis au feu des passions, nous dépouillions, peu à peu, la partie matérielle et animale de notre être, héritage d'états antérieurs au stage humain, comme le fer, enfoui dans la gangue du minerai, passe bien des fois au feu de la forge, sur l'enclume, au laminoir, pour devenir l'acier poli et brillant, souple et résistant, propre à tous les usages.

La fin, le but de la vie que nous vivons ici-bas, n'est donc pas cette vie elle-même, mais L'EXPÉRIENCE que nous y acquérons, les enseignements qu'elle nous inculque, les efforts qu'elle exige de nous, le développement de notre volonté.

Et comme *rien ne se perd* dans le Grand Tout, à chaque Renaissance, nous revenons enrichis de toutes nos expériences et de tous nos progrès, ou alourdis du poids de toutes nos lâchetés et de toutes nos faiblesses antérieures.

Car nous nous faisons nous-mêmes, *nous seuls*, ce que nous avons été, ce que nous sommes, ce que nous serons; nous élevons, grain de sable par grain de sable, moëllon par moëllon, l'édifice sublime de notre propre Immortalité, en dégageant et en faisant flambeau l'étincelle divine enfouie, comme l'or dans la mine, au sein de tout ce qui est ; ou bien, quand nous sommes devenus foncièrement mauvais, nous laissons partir cette étincelle, qui retourne à sa source, et nous retombons dans la grande matrice universelle, rendant aux éléments ce que nous avons reçu d'eux, jusqu'au lever d'un nouveau jour cosmique.

Donc notre Immortalité est notre œuvre, dépend de nous, et c'est à la conquérir, par le développement de notre Spiritualité et la Connaissance de la Vérité, c'est-à-dire de la *Loi Unique*, que sert la vie, que servent nos Réincarnations successives.

De la sorte, et de la sorte seulement, la loi qui veut que rien ne se perde est appliquée.

En effet, cette immortalité n'a pas le caractère de nécessité et d'absolu que lui donnent les philosophies spiritualistes et les enseignements de la plupart des religions, notamment du christianisme et du mahométisme.

On l'édifie, on la conquiert, on la perd aussi, ou, plutôt, on l'ajourne pour des Eternités, en se condamnant à un recommencement, à partir des échelons les plus bas, — où l'on peut retomber, après les avoir gravis jusqu'à l'état d'homme.

Et, comme nous l'avons dit, il est tellement impossible à un cerveau humain de concevoir quoique ce soit en dehors de ce qui est, que toutes les conceptions humaines, quelles qu'elles soient, si absurdes ou si insensées qu'elles puissent paraître, répondent toutes à un aspect quelconque de la Réalité.

Pour concevoir une chose qui ne serait pas, soit l'immortalité, soit l'anéantissement final, par exemple, — il faudrait que notre pensée pût sortir ou s'affranchir des lois de la nature, et alors nous irions par la pensée *au-delà* ou *en deça* de CE QUI EST, — mais *au-delà* et *en deça* de ce qui est, il n'y a rien, puisque tout ce qui est, de quelque nature que ce soit, ne peut être contenu que dans ce qui est.

Donc notre pensée est nécessairement enfermée dans la Réalité unique et absolue.

Seulement, notre pensée peut être incomplète, et dans le nombre *infini* des aspects de la Vérité, peut n'en saisir qu'un seul.

C'est le cas général.

Supposons que nos yeux soient construits de

telle façon qu'ils ne perçoivent qu'un seul des sept rayons de la lumière.

Chacun de nous appellera lumière le rayon perçu par lui. — Ce rayon sera rouge pour l'un, violet, orangé, indigo, pour d'autres, et alors chacun de dire :

La lumière est rouge, la lumière est orangée, la lumière est violette, etc.

Chacun aura raison, et chacun aura tort, car la lumière n'est ni rouge, ni orangée, ni violette : elle est blanche, étant la réunion de tous les rayons. — Elle les contient tous, et n'est aucun d'eux.

Nos cerveaux en sont là actuellement.

Ne sachant pas saisir la Vérité entière, nous en saisissons des fragments, qui sont contradictoires, chaque œil ne voyant qu'un aspect, sans percevoir l'ensemble.

Le spiritualiste affirme l'immortalité, — et il a raison.

Le matérialiste la nie, — et il a raison.

Chacun d'eux voit un aspect différent de l'homme, et ils peuvent discuter éternellement, sans se convaincre, de même que deux hommes, dont l'un verrait bleu et l'autre rouge.

Cela tient à ce que chacun raisonne en ligne droite, partant d'un point pour arriver directement à l'autre.

Or, la Vérité n'est pas une *ligne droite*, mais une *ligne courbe*. — C'est une SPIRALE *revenant sans cesse sur elle-même, en s'élevant toujours.*

Le matérialiste et le scientiste occidental contemporain, n'étudiant que le corps et les aspects inférieurs de l'homme, et n'en voyant pas autre chose, ont raison de dire que tout cela se dissout et se désagrège à jamais, après la mort.

Le spiritualiste étudiant le jeu de la pensée et entrevoyant, quoiqu'avec bien des erreurs, bien des confusions, bien des lacunes, un autre aspect de l'homme, affirme son immortalité, et il a raison de dire que tout ne meurt pas, quoique attribuant l'immortalité, en grande partie, à des éléments qui ne sont pas immortels, en fait.

Mais, du moment qu'un cerveau humain conçoit l'immortalité, c'est qu'elle existe, car, nous le répétons, nous ne pouvons rien concevoir en dehors de ce qui est, c'est-à-dire en dehors de la nature, à moins d'être nous-même en dehors de la nature et de ses lois, et nul ne va pas jusqu'à prétendre cela.

Le tout est donc de savoir quelle partie de nous-même est immortelle, quelle partie ne l'est pas, — et *comment*.

En ceci, les sciences modernes et les philosophies occidentales sont absolument impuissantes, et depuis des centaines de siècles qu'elles se disputent à ce sujet, elles n'ont pas fait un pas en avant et n'ont pas abouti à se mettre d'accord.

Il n'y a que la *Théosophie* et la *Science Occulte*, qui puissent résoudre le problème, parce qu'elles connaissent les lois réelles de l'Univers, ainsi que nous le verrons plus loin, quand nous envisagerons l'autre aspect de la question, au sujet de KARMA.

(B) *L'Ignorance engendre aussi l'idée illusoire et illogique qu'il n'y a qu'une existence pour l'homme, et cette autre illusion que cette unique vie est suivie d'états immuables de plaisirs ou de tourments.*

Cette idée d'une vie unique suivie d'une éternité de récompense ou de punition, résultat d'un raisonnement en ligne droite, comme toujours, c'est-à dire étroit et incomplet, est peut-être celle qui a le plus contribué à créer les Matérialistes, de même que le Dieu des Religions a fait les Athées.

Son absurdité et son injustice criante ont révolté de tout temps quiconque raisonne.

La critique en est si facile que tous s'y sont jetés, et que presque tous en sont restés à cette critique, la critique étant chose aisée, commode à notre paresse et à notre étroitesse d'esprit, et flatteuse pour notre vanité, puisque la critique des autres ou de leurs idées nous inspire le sentiment que nous sommes beaucoup plus forts et plus intelligents qu'eux.

De ce qu'une chose est absurde ou fausse, en quelques-unes de ses parties, nous concluons, — toujours le raisonnement rectiligne, — que son contraire est vrai.

Il gèle au pôle Nord. — Nous nous précipitons au pôle Sud, — et il y gèle également.

N'oublions jamais que ce que nous appelons le contraire d'une erreur, peut être tout aussi erroné.

En effet, une erreur n'est jamais qu'une Vérité incomplète, — et son contraire peut n'être pas plus complet, et sera, par conséquent aussi erroné, — tout en étant aussi vrai... fragmentairement.

Pour qu'une vie unique fut suivie d'une Éternité, dans un paradis ou dans un enfer quelconque, il faudrait que cette vie unique nous permît de mériter l'un ou de mériter l'autre ; or, est-ce possible en quelques années, très courtes ou même nulles pour quelques-uns, — car, outre les morts-nés, combien meurent à quelques jours, à quelques semaines, à quelques mois ; les uns au sortir de l'enfance à peine, — qui est irresponsable, — les autres dans l'extrême vieillesse, — sans compter tous les degrés intermédiaires qui séparent le jeune homme de vingt ans du sexagénaire et même du centenaire? — En ce laps de temps et d'épreuves qui peut se réduire parfois à zéro, — comment mériter un jugement définitif, un acquittement ou une condamnation éternelle?

L'effort n'étant pas également prolongé, pour tous, il y a déjà là une inégalité choquante dans l'absurde.

D'autre part, les conditions de l'existence, et par conséquent les conditions où nous pouvons *mériter* ou *démériter*, sont absolument inégales ; et si nous succombons, aujourd'hui, nous n'avons pas le temps toujours, ni l'occasion, de nous relever, de même que vertueux aujourd'hui et mourant, il est fort possible que, vivant davantage, demain, nous eussions été criminels.

Tel est assassin, aujourd'hui, qui, demain, se jettera à l'eau pour sauver son semblable qui se noie; ou inversement. S'il meurt, après l'un seulement de ces deux actes, qu'il eût accompli tous deux, au cas où sa vie se serait prolongée, et qu'il soit puni, ou qu'il soit récompensé, suivant le hasard du moment, ce ne sera pas juste, car il n'aura pas été lui-même tout entier, sous son double aspect.

Et que si l'on vient dire :

« Dieu qui lit dans les cœurs sait ce qu'il valait, et avait tous les éléments pour le juger. »

Nous répondrons :

Alors à quoi bon le soumettre à cette épreuve de la vie, qui n'est plus, dans ces conditions, qu'une épreuve pour rire ?

Est-ce que les circonstances de la lutte en vue d'une même et unique récompense pour tous, et l'effort pour l'obtenir, sont égaux ?

Nullement.

Est-ce que le point de départ, pour atteindre au but, est le même entre l'enfant d'un voyou et d'une fille publique, né dans le ruisseau, élevé dans le vice et l'ignorance, n'ayant que des besoins et des appétits, sans aucun moyen de les satisfaire honnêtement, et l'enfant du brave bourgeois, bien choyé, bien éduqué, ne manquant de rien, pas même de bons exemples, et trouvant, pour ainsi dire, sa vie toute faite, dès son berceau?

« Dieu pèsera les circonstances », nous dit-on encore.

Il n'en reste pas moins acquis que l'un et l'autre arriveront au même résultat final, pour l'Éternité, après des épreuves bien différentes.

Pourquoi cette différence?

Dans les courses de chevaux, quand il s'agit de gagner le prix, on veille à l'égalité absolue, au moment du départ, entre les concurrents.

Allons, qu'on nous permette ce mot, il est un peu *bête* de supposer la loi qui régit l'Univers moins intelligente et plus inique que les lois humaines, qui ne sont pourtant pas la perfection.

Et comme l'a dit Çakya-Muni, comme l'enseigne la Théosophie, comme le démontre la Science Occulte, l'Ignorance seule a pu enfanter et accepter de telles conceptions.

* * *

VII. — La dispersion de toute cette ignorance peut être obtenue par la pratique persévérante d'un Altruisme embrassant la conduite, le développement de l'intelligence, la sagesse de pensée, et la destruction du Désir des plaisirs inférieurs personnels.

Pour développer nos forces musculaires et combattre l'anémie, ou bien d'autres maladies, il y a tout un ensemble d'exercices calculés et une hygiène spéciale.

Pour détruire notre ignorance et nous amener à cet état de développement spirituel, qui seul nous permet de comprendre et de nous assimiler certaines vérités, il y a également toute une hygiène à suivre.

Dans les deux cas, les résultats ne s'en font sentir que lentement, progressivement, et après une longue persévérance, avec une ferme volonté de réussir.

L'Altruisme en est l'exercice le plus important.

L'*Altruisme* n'est pas la simple fraternité sentimentale, dont la théorie a cours dans le monde.

Au point de vue théosophique et occulte, l'Altruisme est bien autre chose que la Fraternité, même chrétienne.

La fraternité suppose des frères, mais qui dit frères, dit individus séparés encore, indépendants les uns des autres, ayant leur vie propre.

Nous ne sommes pas seulement des frères, c'est-à-dire des hommes ; — nous sommes tous *le même homme* : voilà ce qu'il faut savoir et comprendre.

Je suis vous, et vous êtes moi.

Emanant tous de la même Source Unique d'où tout sort, où tout retourne, qui est la *Substance-Esprit Une*, jaillie de la Cause sans Cause, — ce qui nous sépare n'est qu'apparent, transitoire, par conséquent aussi illusoire que ce qui ferait croire au tourbillon, troublant le cours d'un fleuve, qu'il est autre que le fleuve lui-même.

L'Humanité n'est qu'un Seul Être, fragmenté momentanément par l'épaisseur de la matière où elle est plongée, comme les rayons décomposés de la lumière à travers le prisme.

Ces rayons ne sont pas seulement frères, ils sont tous la même et unique lumière, et la réfraction qui leur prête, un instant, une apparence d'existence à part, ne les fait ni indépendants, ni différents en soi.

Il faut donc détruire en nous cette illusion de la *Séparativité*, qui arrête tous progrès et cause presque tous nos maux.

Une fois qu'on a compris cela, une fois qu'on se sent réellement relié à tous les hommes, et plus encore, à tous les êtres, à quelque degré de l'échelle de l'évolution qu'ils soient, en arrière ou en avant, — tout change en nous et autour de nous. — Le Grand Souffle nous parcourt et nous emporte, c'est l'Humanité entière qui palpite en nous, c'est l'Univers qui nous enlace et nous pénètre, comme l'Océan enlace, pénètre et s'incorpore la goutte d'eau.

Et si elle s'avisait de dire, cette goutte d'eau :

— Mais je ne suis plus rien !

Il n'y aurait qu'à lui répondre :

— Tu es devenue l'Océan lui-même ! — Y as-tu perdu ?

L'Altruisme, ainsi compris, détruit l'égoïsme, et

l'égoïsme détruit, tout devient facile et clairement compréhensible. Tant que nous ne voyons que notre personne, que nous ne pensons qu'à notre personne, elle se dresse comme une muraille entre nous et la vérité.

Nous prenons l'effet pour la cause, un jeu de lumière pour le soleil, un accident pour une loi.

Nous attachons une importance ridicule et nuisible à tous les détails de notre personne, destinée à disparaître, à tout ce qui n'est qu'apparence trompeuse et passagère.

Et n'ayant rien développé en nous de ce qui est utile et nous avancerait sur le chemin de l'évolution, nous restons condamnés, comme Sizyphe, à rouler sans cesse le rocher des Réincarnations qui retombe toujours sur nous.

De ce simple fait de la compréhension complète de « l'Altruisme », et par conséquent de sa pratique, découle nécessairement le développement de l'intelligence, qui se meut dans l'horizon sans borne, au lieu de tourner dans l'horizon de la personnalité, comme un écureuil dans sa cage, « la sagesse de la pensée, » et la destruction toute naturelle, dès lors, du « désir » ardent, exclusif, « des plaisirs inférieurs personnels, » — dont chacun de nous, d'ailleurs, par expérience, connaît la saveur amère et l'inassouvissement qu'ils laissent.

Lassata, non satiata viris.

Mais il faut encore insister sur un point : — *La Sagesse de la pensée.*

Toutes les philosophies, toutes les morales, toutes les Religions, font la même recommandation.

Seulement aucune ne va au-delà et n'a indiqué quelles étaient l'action et l'importance réelle de la pensée.

Comme nous l'avons dit déjà, il n'y a qu'*Une Loi*, comme il n'y a qu'*Une Substance*, comme il n'y a qu'*Un Esprit*, dont toutes les choses et tous les Etres, sans exception, ne sont qu'un aspect transitoire, à des degrés différents de l'Evolution.

Cette vérité s'exprime en Théosophie par l'axiôme suivant, qui contient tout et suffirait, s'il était compris :

Ce qui est en Haut est comme ce qui est en Bas, et ce qui est en Bas est comme ce qui est en Haut.

Et il se figure, en Occultisme, par deux triangle enlacés, l'un, la pointe en haut, l'autre, la pointe en bas.

C'est ce qu'on appelle le Sceau de Salomon.

Cela veut dire, notamment, que tout ce qui est, jusqu'à l'atome le plus infiniment petit qu'on puisse rêver, contient en lui *tous* les Eléments et *tout* le processus de l'Univers entier.

Par conséquent, que l'homme est un microcosme, c'est-à-dire un petit univers complet, où tout se trouve, en l'y cherchant bien, jusqu'à ce qu'on appelle vulgairement Dieu ; — et c'est à développer, à devenir ce Dieu qui est en nous, en attendant que nous gravissions à son tour la hiérarchie des Dieux, que nous devons travailler.

Or, toute cause produisant des effets, nos pensées produisent des effets, et ces effets sont des êtres, des êtres absolument réels et vivants de la vie que nous leur avons infusée, consciemment, ou inconsciemment.

PENSER, C'EST CRÉER.

Notre pensée ne s'éteint donc pas en nous, même si elle n'est pas suivie d'un acte matériel.

Elle s'extériorise, se matérialise, et à chaque seconde nous peuplons notre atmosphère d'êtres bons ou mauvais, suivant la nature de notre pensée, qui restent autour de nous, attachés à nous, nous enveloppant, — de telle sorte que le méchant respire réellement une atmosphère délétère qui l'empoisonne moralement, — de plus en plus.

Mais ce n'est pas tout: ces êtres qui s'attachent à nous, comme des vampires et sucent notre sang, — s'ils sont fils de nos pensées mauvaises, — ou deviennent pour nous des sortes d'anges gardiens et bienfaisants, — si nos pensées sont bonnes; — ces êtres peuvent aller, aussi, au loin, attirés par l'affinité qui les pousse vers les hommes dont les instincts correspondent à ces *pensées vivantes*.

Dans un mouvement de colère, vous avez rêvé de tuer.

Vous ne l'avez pas fait, parce que la raison et la sagesse vous sont revenues.

Vous croyez que c'est fini, que vous êtes quitte. Vous vous congratulez vous-même, vous disant : « Qu'importe que je pense mal, puisque j'agis bien ? — Je n'en suis pas moins honnête homme ! »

Détrompez-vous. — Cette pensée est entrée dans la vie. Elle a pris corps, elle subsiste. Vous l'avez chassée. Elle va ailleurs, et trouvant sur son chemin, un autre homme, moins maître de lui, ayant les instincts du meurtre, sans en avoir l'énergie, elle s'attache à lui, — et *vous avez fait un assassin*, qui accomplit ce que vous aviez seulement pensé.

Tout le monde ne sait-il pas, ne sent-il pas, ne dit-il pas même, souvent, qu'il y a des crimes ou de l'héroïsme *dans l'air;* et les épidémies morales ne sont-elles pas aussi bien constatées que les épidémies physiques ?

Ce qu'un homme pense, s'il ne l'accomplit pas, un autre l'accomplira.

Et nous sommes tous, en ce qui nous concerne, responsables de tout le mal et de tout le bien qui s'accomplit, en quelque point que ce soit du globe.

L'altruisme est une loi. — Rien ne peut nous dégager de cette solidarité d'essence et d'origine qui fait que nous sommes tous le *même homme*, et que nous ne pouvons ni nous élever, ni tomber, ni nous perdre, ni nous sauver *seuls*.

Aussi la Théosophie enseigne-t-elle que l'importance des pensées est plus grande que celle des actes.

Nous n'ignorons pas que tout cela paraîtra bien fantastique à la plupart de ceux qui nous liront.

Mais CELA EST.

Et qui voudra en avoir, non pas seulement, la conviction, mais la *certitude*, le peut, à condition de le vouloir réellement.

On comprend dès lors ce que voulait dire Çakya-Muni en recommandant la *Sagesse de la Pensée*.

*
* *

VIII. — Le Désir de vivre étant la cause de la Renaissance, quand ce désir est éteint, les Renaissances cessent, et l'individu perfectionné atteint par la méditation le suprême état de paix appelé Nirvâna.

Trois points à relever.

Nous n'insisterons pas sur les deux premiers, la *perfection* et la *méditation*, d'un caractère bien différent de celui que ces deux mots présentent d'ordinaire à l'esprit.

L'homme *perfectionné*, dont il s'agit ici, est devenu à peu près ce que les Religions appellent un Dieu.

Cet homme « perfectionné », est celui qui a

développé, évolué, la partie Divine enfouie en lui, comme elle l'est dans tout ce qui est.

A cela bien évidemment la durée d'une vie ou même de plusieurs vies de quelques années ne saurait suffire.

Moins les échecs et les avortements personnels, — et ils seront nombreux, — de ceux qui n'auront pas su développer en eux la Spiritualité et dégager l'étincelle divine, — c'est un état auquel parviendra l'Humanité entière, à la fin de la septième des rondes qu'elle doit parcourir, et dont nous parcourons actuellement la quatrième, — celle où l'animalitéet la spiritualité étant en équilibre, le vrai combat commence pour laconquête de l'Immortalité.

Quelques rares individus, par un entraînement particulier, une hygiène, à la fois spirituelle, morale et physique, et un persévérant travail, — dont la Science Occulte donne les règles secrètes, — peuvent atteindre le but avant leurs frères : — c'est le cas des Maitres, grands Initiés ou Mahatmas, et Çakya-Muni, appelé le Bouddha, était l'un d'eux, comme ceux qui l'ont précédé.

D'autres le suivront, dans des siècles à venir.

A certaines époques, prévues et calculées, un Bouddha s'incarne toujours pour apporter à l'humanité la quantité de vérités nouvelles dont elle peut supporter l'éclat et avoir la compréhension, tout au moins, partielle.

Quant à la *Méditation*, elle a aussi, au point de vue théosophique, un caractère spécial, dont la

Science Occulte enseigne également les règles, et dont ce qu'on en peut dire publiquement nous entraînerait trop loin, dans ce petit résumé très incomplet.

Pour le NIRVANA, plusieurs explications sont nécessaires.

D'abord, ce n'est point un *lieu*, mais un *état* d'esprit.

A ce moment, le monde des formes matérielles et tangibles, telles que nous les connaissons ou concevons, est fini.

C'est autre chose, non-seulement d'aussi réel, mais *d'infiniment plus réel*, les *formes* étant choses passagères et transitoires, en un perpétuel et incessant changement, tout ce qu'il y a de plus *illusoire* dans l'univers.

Il n'y a de réel que CE qui anime et *occasionne* les formes ; et CELA, qui est la vie universelle, la Substance-Esprit Une, le rayon divin, — ne change pas, — par conséquent, est seul réel, étant immuable, *derrière* tous les aspects qu'il revêt.

En second lieu, le Nirvâna n'est point le *Néant*, l'*anéantissement en Dieu*, comme on le croit vulgairement, et comme le racontaient les orientalistes et nos professeurs de philosophie, il n'y a pas longtemps, ignorants du premier mot de ce dont ils parlaient.

Loin d'être le néant et l'anéantissement, le Nirvâna est le suprême épanouissement, la floraison du divin en nous.

Après la longue évolution à partir des échelons les plus bas de la matérialité, dont les deux premiers et les deux derniers, — car il y a sept états de la matière, et non pas trois, — sont ignorés de nos savants modernes (1), le Nirvâna est l'état de repos et de béatitude de la Monade enrichie de toutes les expériences de son passage à travers tous ces états de matières, et ayant enfin conquis, dans la douleur et la lutte, dans son frottement contre toutes les épines de la route, la Soi-conscience, — c'est-à-dire la conscience complète de sa divinité, et perdu tout sentiment de séparativité.

C'est la goutte d'eau qui retourne à l'océan, sa patrie d'origine, mais plus riche de tout ce qu'elle a vu, appris et compris, dans ses pérégrinations, soit à travers les entrailles du globe (*Involution* ou *Descente* dans la matière); soit, vapeur irisée dans le nuage qui flotte à travers l'atmosphère moins dense (*Evolution* ou *Remontée* vers la VIE UNE ou L'ESPRIT UN, double aspect de l'unique: « Je suis ce qui est ») !

A ce moment suprême, sur le seuil de Nirvâna, l'Esprit évolué revoit toutes ses incarnations successives, non pas seulement humaines, animales, végétales, minérales, mais encore bien au-delà.

C'est la mort définitive à la forme, aux limitations tangibles.

1. William Crookes en a découvert un sub-échelon nouveau, ce qu'il a nommé : l'état radiant, et l'on commence à entrevoir vaguement l'idée de l'Ether.

« Ce qui est en Haut est comme ce qui est en Bas, et ce qui est en Bas est comme ce qui est en Haut. »

Et, en effet, ce qui se passe, à cet instant, est ce qui s'est déjà passé, bien des fois, pour chacun de nous, au moment de chacune de nos morts physiques, alors que nous abandonnons notre corps terrestre.

Pendant les quelques secondes qui précèdent ce qu'on appelle le *dernier soupir*, nous revoyons *tous, dans tous les détails*, cette existence que nous quittons, et nous la jugeons.

Il n'y a qu'une loi, une seule, à tous les degrés, dans l'infiniment petit, comme dans l'infiniment grand.

Ce qui a trompé le public sur le sens du Nirvâna, c'est qu'on appelle, en Théosophie, cet état : L'*Inconscience* et le *Non-Etre*.

Cela veut seulement dire ici que l'état de conscience et d'existence, en Nirvâna, ne répondant à rien de ce que nos cerveaux conçoivent, en tant que conscience et existence, et ne participant à rien de ce que ces mots figurent pour nous, cela ne peut s'exprimer ou se figurer pour nous, que comme l'Inconscience et le Non-Etre.

Mais cela est si peu l'anéantissement, que celui qui a atteint le Nirvâna, peut, s'il le veut, y renoncer et descendre de nouveau sur la terre, pour y aider ses frères restés en arrière.

C'est ce qu'on appelle les « *Bouddhas de compassion* », le « *sentier de la Renonciation* ».

Et il n'y a pas de sacrifice plus sublime.

Nous n'insisterons pas davantage sur le Nirvâna.

On comprend bien que cela ne peut ni se décrire, ni se définir, avant qu'on ne soit apte à le connaître par soi-même.

***

IX. — Cakya-Muni a enseigné que l'ignorance peut être dissipée et la douleur abolie par la connaissance des quatre nobles vérités, qui sont :

1. — Les misères de l'existence.

2. — La cause productrice de misère, qui est le désir de satisfaction, sans cesse renouvelé, sans qu'on parvienne jamais à le satisfaire.

3. — La destruction de ce désir, ou le fait de s'en rendre indépendant.

4. — Le moyen d'obtenir cette destruction du Désir.

Les moyens qu'il indique sont appelés les huit nobles sentiers. Ce sont : Bien croire, bien penser, bien parler, bien agir, bien vivre, bien s'efforcer, bien se souvenir, bien méditer.

Après tout ce que nous avons dit et expliqué précédemment, chacun est à même de comprendre le sens exact, — non banal et terre à terre, — de ces diverses prescriptions.

Ces *misères de l'existence* doivent être envisagées au point de vue théosophique.

Ici, comme en tout, la *lettre*, sans l'*esprit*, défigure ou ne signifie plus grand chose.

Faisons seulement observer l'ordre dans lequel Çakya-Muni énumère les moyens préconisés par lui, et remarquons, — ce qu'on s'explique maintenant, — qu'il met le *Bien croire*, c'est-à-dire la connaissance, le contraire de l'ignorance, — le *Bien penser* — (nos pensées créent des êtres et corrompent ou sauvent les *autres*, autant que nous-mêmes), — le *Bien parler* — (nous devons enseigner la Vérité, et n'employer notre savoir qu'à aider les autres, à dissiper leur ignorance), — avant le *Bien agir*, le *Bien vivre*, le *Bien s'efforcer*, le *Bien se souvenir*, le *Bien méditer*, — qui sont utiles surtout à notre développement individuel, — quoique, par le fait que nous progressons, l'Humanité entière, qui est Une, progresse avec nous, par nous, en nous, de même qu'elle rétrograde et s'abaisse par notre fait, si nous rétrogradons et nous abaissons nous-même.

Dire, ainsi qu'on le dit habituellement, parlant d'un vicieux :

« Il ne fait de tort qu'à lui-même » ! est une erreur absolue.

Tout vicieux est un malfaiteur public, et contamine l'Humanité entière par le rayonnement des germes morbides émanés de lui.

Il n'y a pas de *péché caché*, ni à proprement parler, *personnel*.

Que chacun comprenne l'étendue et la réalité de sa responsabilité, soit qu'il agisse publiquement ou solitairement, soit qu'il oublie de surveiller les idées qui ne hantent pas seulement son cerveau, mais s'en échappent et vont empoisonner ou assainir l'atmosphère où nous vivons tous.

* * *

X. — La bonne méditation conduit à l'éclaircissement ou au développement de cette faculté de Bouddha, qui est latente en tout homme.

La « *Méditation* » dont il s'agit ici a un caractère particulier, ainsi que nous l'avons déjà indiqué, et demande à suivre certaines règles, dont ce n'est pas le lieu de parler.

La « *faculté de Bouddha, latente en tout homme* », est l'INTUITION.

C'est le *sixième sens*, ou le *troisième œil*, l'œil interne, dans le Langage Occulte.

Chaque race humaine évolue un sens nouveau.

Nous sommes la cinquième Race, et nous avons cinq sens.

La sixième Race, qui nous succèdera, dans

une période encore éloignée, mais dont le calcul existe, aura un sixième sens, qui sera l'Intuition.

Lorsque la septième race apparaîtra avec ses sept sens, l'Humanité sera arrivée à un degré de développement qui lui donnera la plupart des qualités, pouvoirs et attributs, que l'opinion populaire et les Enseignements religieux accordent à la Divinité.

Il ne faut pas confondre l'*Intuition* avec l'*intelligence.*

L'intelligence est une faculté d'ordre encore inférieur, que nous avons en commun avec les animaux.

L'intelligence est faite surtout de mémoire, et de la faculté d'unir deux ou plusieurs sensations venues du dehors, pour en tirer une conclusion ou une idée.

C'est un mécanisme à la fois compliqué et incomplet.

L'*intuition* est la faculté, au contraire, de voir *directement* les idées elles-mêmes.

Quand nous serons parvenus à l'Intuition, ce que nous appelons, aujourd'hui, l'intelligence, aura rejoint, dans les profondeurs de l'inconscient, — où toutes nos expériences restent emmagasinées, — cette masse d'instincts et de connaissances acquises, qui nous guident, sans que nous en ayions même la perception, puisqu'il est inutile de remâcher, sans cesse, le Savoir acquis, et que nous n'avons pas trop de toutes nos forces pour le Savoir à acquérir.

La différence entre l'intelligence et l'Intuition est la même que celle qui sépare la marche d'un piéton, arrêté, borné par tous les obstacles, ne découvrant l'horizon que peu à peu, en détail, en perdant en arrière, autant qu'il en conquiert en avant, — du vol de l'oiseau, qui d'un coup d'œil embrasse l'horizon entier, dans tous ses aspects, sans que rien arrête son regard.

La *Méditation* développe cette faculté de l'*Intuition,* latente chez nous tous, déjà embryonnaire, chez quelques-uns de nous, mais que l'on peut acquérir par une série d'efforts bien combinés et toute une hygiène, à la fois physique, morale, intellectuelle et spirituelle.

*
* *

XI. — L'essence du Bouddhisme, résumée par le Tathagata (Bouddha) lui-même, est :

Cesser tout péché.

Acquérir la vertu.

Purifier le cœur.

Ce sont là, dans leur lettre, les ordinaires recommandations morales — (nous en connaissons à présent la portée et la sanction), — qu'on trouve à la base de toutes les religions, et qui font que, dépouillées de leur vêtement de dogmes symboliques, elles sont toutes la même Religion.

Cette Religion unique, qui est la Religion-Sagesse ou la Religion-Science, — c'est là Théosophie appuyée sur la Science Occulte, dont Elle n'est, du reste, que l'aspect spirituel et métaphysique.

Cette uniformité prouve clairement que le fond de toutes les religions est commun, qu'elles ont toutes la même origine et la même mère.

Seulement, elles ont perdu le sens ésotérique de leurs symboles, et les prêtres qui les enseignent n'étant plus des Initiés, comme dans le passé, ont fini par adopter la lettre matérielle destinée à la foule ignorante et incapable de regarder la vérité, à moins qu'elle ne soit triplement voilée, de même que nous ne pouvons regarder le soleil qu'à travers l'épaisseur d'un verre noirci.

De là vient que toute vie s'est retirée de leurs enseignements, et que n'ayant rien de plus à dire, à mesure que l'humanité s'élève autour d'eux, — parce qu'ils n'en savent pas davantage, — ils se débattent dans l'absurde, et voient les intelligences leur échapper, pour se rejeter dans la négation impuissante à rien créer, à rien expliquer, et dans un matérialisme grossier, où s'épanouit l'égoïsme personnel et s'ébattent les appétits, au point de nous ramener à la pire des barbaries.

*
* *

XII. — L'univers est soumis à une causalité naturelle, connue sous le nom de « Karma ». Les mérites et démérites d'un être, dans ses existences passées, déterminent sa condition dans l'existence présente, chaque homme a donc préparé les causes des effets qu'il éprouve actuellement.

Nous voici arrivés au point culminant.

Tout repose sur la *Loi du Karma.*

C'est la clef de voûte de tout l'édifice, l'explication et la justification du mystère de l'existence.

Quelle est donc cette loi du Karma?

LA LOI, sans exception, qui régit l'univers entier, depuis l'atome invisible et impondérable, jusqu'aux soleils; depuis l'infusoire, jusqu'aux Dieux les plus élevés de la hiérarchie ou évolution céleste, succédant à la hiérarchie ou évolution terrestre; et cette loi est que *toute cause produit son effet,* sans que rien puisse empêcher ou détourner l'effet, une fois la cause produite.

La Causalité absolue est partout.

Cette vérité est exprimée par le mot KARMA. — Karma est le lien inévitable entre la cause et l'effet, et, appliqué à l'homme, veut dire que « *l'homme récolte ce qu'il a semé* », ni plus ni moins; et, quoiqu'il ait semé, dans son passage à travers une vie terrestre, il le récoltera jusqu'au dernier grain : — ivraie ou froment, roses ou orties.

Nul ne peut échapper à cette loi, si haut ou si bas qu'il soit placé sur l'échelle sans fin de l'Evolution.

« Ce qui est en Haut est comme ce qui est en Bas », et la Loi est UNE.

Quand nous avons tiré un coup de fusil, nulle puissance humaine ou divine ne peut empêcher la balle de partir et de frapper ce qu'elle rencontrera devant elle.

Quand nous avons pensé, quand nous avons agi, nulle puissance humaine ou divine ne peut empêcher les conséquences de notre pensée ou de notre action.

Ici, ni le regret, ni le repentir, ne peuvent rien racheter.

Si, par imprudence ou par un concours de circonstances indépendantes de notre volonté, telle qu'une balle égarée, pour revenir au même exemple, nous tuons l'être le plus cher à notre cœur : une femme, une mère, notre enfant, un ami, — est-ce que notre désespoir et nos larmes lui rendront la vie ?

Et, puisque rien ne peut faire que ce qui a été accompli n'ait été accompli, sera-ce donc la victime seule de notre imprudence, de notre maladresse, ou de notre erreur, qui en subira les conséquences, alors que l'auteur du mal en serait quitte pour quelques larmes ou des regrets ?

Cela serait trop commode, et les causes produites par nous ne produiraient d'effets que contre les autres, jamais contre nous, puisque, sauf de rares exceptions, nous regrettons et pleurons toujours très volontiers les fautes que nous avons commises, les erreurs où nous sommes tombés, quand nous voyons que tout cela tourne contre nous, ou quand la passion qui nous les a fait commettre étant apaisée, nous reconnaissons en nous-même notre tort.

Le repentir et le remords ne servent à rien, non plus que la prière.

Nos prières ni nos remords ne changent la Loi, qui est immuable ; — sans quoi elle serait le caprice et la plus monstrueuse des iniquités, n'étant pas égale pour tous et absolue.

Cela paraît dur, — cela n'est que juste.

Habitués à la lâcheté morale par les enseignements que nous avons reçus, nous reculons devant notre responsabilité, et nous espérons toujours que nous tricherons avec la Loi.

Nous nous complaisons dans l'idée d'un Dieu, bon père de famille, indulgent, qui se laisse toucher à nos larmes et à nos prières, nous pardonnant ou réalisant nos vœux, si nous savons nous y prendre avec lui.

Ce Dieu là n'existe point.

Nous sommes ce que nous nous faisons, nous récoltons ce que nous avons semé, *tout* ce que nous avons semé.

Mais l'ignorance n'est pas le crime, dira-t-on, et, si voulant faire bien, je fais mal ?

N'oublions pas que les pensées sont plus graves et plus importantes que les actes.

Là, nous produisons deux causes, qui produisent deux effets.

L'acte était mauvais : — nous en subirons les conséquences, nécessairement.

La pensée était bonne ; — nous en recueillerons le bénéfice.

C'est pour cela que la récolte de chacune de nos vies n'est jamais tout-à-fait bonne ni tout-à-fait mauvaise, — sauf rares exceptions.

Tout se paie, mais tout s'encaisse, et nul n'échappe à son Karma !

Alors, dira-t-on encore, c'est la fatalité ! Il n'y a plus de liberté !

Quand nous lançons une pierre, cessons-nous d'être libre et responsable, parce que nous ne pouvons empêcher cette pierre de frapper ce qu'elle rencontre sur son chemin ?

Nous sommes libres de ne pas lancer la pierre. — Nous sommes libres d'agir ou n'agir pas de telle façon. — L'acte accompli, les conséquences ne nous appartiennent pas.

L'homme travaille à sa destinée et la crée, chaque jour, par ses pensées et ses actes, et il ne peut échapper à cette destinée, faite de ses propres mains, et qui est son Karma ; et ce Karma, il le subit, dans l'au-delà, après sa mort, et dans les conditions où le place sa nouvelle personnalité, à la Réincarnation suivante.

Un Maitre a dit :

« L'homme ne peut échapper à son Karma, mais la manière dont il l'envisage engendre un bien ou un mal nouveau pour l'avenir. Il doit marcher aujourd'hui dans l'entourage qu'il a créé, mais ses efforts changent son entourage du lendemain. — Aussi sûrement que le *présent* est le *produit* du *passé*, *l'avenir* sera le *produit* du *présent*, et l'homme n'est pas l'esclave de sa destinée, il en est le maître et le créateur ».

Il n'y aurait, il n'y a fatalité qu'avec la théorie d'une seule existence suivie d'une Éternité pour la punition ou la récompense ; et cette monstrueuse disproportion entre la cause et l'effet n'est corrigée que par la plus monstrueuse conception d'une loi capricieuse et d'un Dieu, bon enfant, qui se laisse toucher par des larmes ou des prières, des regrets ou des promesses.

Mais nous revenons sur cette terre, des centaines et des milliers de fois, tant que notre désir de la vie terrestre n'est pas éteint en nous, et nous avons des centaines et des milliers de fois la possibilité de former appel, et, profitant de nos expériences acquises, de conquérir notre salut et notre Immortalité.

Nous avons donc tort, lorsque nous accusons les autres et la destinée de nos malheurs et de nos souffrances, — si immérités qu'ils puissent paraître, eu égard à notre état moral présent.

Tout cela, c'est la liquidation du passé et la préparation de l'avenir.

Personne n'est pour rien là-dedans que nous-mêmes. — Cette destinée que nous maudissons et que nous accusons, c'est Karma, — c'est-à-dire notre œuvre personnelle ; et il n'y a qu'un coupable, — qui est nous.

Donc, point de plaintes inutiles, point de lâchetés, n'imitons pas l'enfant qui montre le poing à la pierre contre laquelle il a buté, et ne faiblissons pas sous le fardeau, que nous avons mis de nos propres mains sur nos propres épaules.

Ceignons nos reins, ne comptons sur personne, ici-bas ni ailleurs, et gravissons le sentier rocailleux que nous avons tracé, pour arriver au haut de la montée ensoleillée et fleurie, — si nous savons y atteindre.

Ici naît l'objection : — mais nous ne nous rappelons pas nos existences antérieures, nous ignorons pour quelles fautes nous sommes châtiés ; donc l'expérience acquise est perdue et cela ne nous sert de rien.

A cela nous répondrons :

S'il y avait ce souvenir, aucun progrès moral, aucun développement spirituel, par notre *propre* effort, ne serait possible, et c'est notre effort qui doit tout nous donner.

Un enfant a maltraité son petit frère.

Sa mère l'a corrigé sévèrement.

Il ne recommencera pas. — Pourquoi? — Parce qu'il se rappelle le châtiment et qu'il en a peur.

Où est le progrès moral?

Pour qu'il y ait progrès moral, il faut qu'il s'abstienne de battre son petit frère, parce qu'il juge l'acte inique et mauvais en soi.

Si nous savions exactement pour quelles fautes, dans le passé, nous souffrons aujourd'hui, nous éviterions de recommencer ces fautes, par crainte de leurs conséquences, pas autrement.

Où serait le progrès moral?

C'est par notre développement spirituel, c'est par amour du bien pour le bien, que nous devons éviter le mal.

Connaissant la loi de Karma, nous savons que nous récoltons ce que nous avons semé, mais nous le savons d'une façon générale, non dans le détail; nous le savons par la compréhension de la Vérité, de la loi de Causalité, et cela c'est déjà un progrès, qui nous achemine vers la Voie de Lumière.

Quand nous sommes arrivés, d'ailleurs, à un certain degré de développement spirituel, nous nous rappelons quelques-unes de ces incarnations, — il y en a plusieurs exemples historiques, — et au moment où nous touchons au Nirvâna, nous revoyons toutes nos expériences successives, depuis les plus basses formes de la matière la plus épaisse, jusqu'aux plus éthérées.

Du reste, si nous ne nous rappelons pas ordinairement, dans notre état actuel de développement, nos vies antérieures, rien n'en est perdu, néanmoins, puisque nous en rapportons, avec nous, à chaque Renaissance, le bagage complet dans nos instincts, nos penchants, nos vocations, nos facultés atrophiées ou développées, l'immense quantité d'idées *innées* qui peuplent déjà inconsciemment notre conscience.

Les dons de ces génies qui éblouissent l'humanité, et ces précocités enfantines, telles que Mozart, musicien à quatre ans, et tant d'autres phénomènes inexplicables, — ne sont que des *ressouvenirs*.

Il y a longtemps qu'on l'a dit :

« Apprendre, c'est se rappeler. »

Il est temps, maintenant, de faire connaître ce qu'est cet homme, — dont nous parlons, sans cesse, — aux yeux de la Théosophie et d'après les données très précises de la Science Occulte.

Bien que ce soit la vérité exotérique, elle est suffisante déjà.

L'homme n'est pas cette machine, dont parlent les matérialistes.

Il n'est pas non plus cette dualité d'un corps périssable et d'une âme immortelle, dont parlent le christianisme et les philosophies spiritualistes de l'Occident.

Ce sont là conceptions simplistes et grossières, dont s'éloignent, à bon droit, les esprits justes et les intelligences élevées.

Ici, nous ne pouvons entrer dans aucune démonstration, et nous devons nous contenter d'une rapide nomenclature des éléments qui constituent ce petit Univers, appelé l'Homme.

Ceux qui voudront en savoir davantage étudieront la question dans les traités spéciaux et surtout en eux-mêmes.

L'homme se compose de *sept principes*, qui sont, en partant d'en bas (1) :

1° Sthula-Sarira. — Le corps physique.

2° Linga-Sarira. — Le corps astral.

3° Prana. — La vitalité.

4° Kama. — L'âme animale, c'est-à-dire ce composé de désirs, de passions et d'émotions, qui nous est commun avec les animaux.

5° Manas. — L'âme humaine proprement dite, siège de la pensée, de l'intelligence.

6° Buddhi. — La spiritualité, le véhicule dans lequel réside et par lequel se manifeste :

7° Atmâ. — L'Esprit, — reflet de l'Esprit divin en nous.

Les quatre premiers principes, c'est-à-dire : le corps physique, le corps astral, la vitalité, l'âme animale, se désagrègent et nous abandonnent à la

1. Nous sommes obligés de donner les noms sanscrits, les premiers, parce qu'il n'y a pas d'équivalent exact dans nos langues occidentales, pour ces vérités nouvelles.

mort. — Rien de cela ne persiste, — et c'est ce qui constitue à proprement parler LA PERSONNALITÉ, c'est-à-dire cet être de chair et d'os, animé de passions et de désirs, guidé par des instincts, qui s'appelle M. X... ou Madame Z... et qui seul tombe sous nos sens non développés.

C'est le seul que connaissent les matérialistes.

Et ils ont raison : celui-là meurt, ou, plutôt, ses éléments l'abandonnent, pour aller former d'autres agrégats.

De cette portion de nous-mêmes, nous ne sommes que des usufruitiers.

Personne ne nie le corps, personne ne nie la force vitale, personne ne nie cette âme animale, quel que soit le nom qu'on lui donne.

Beaucoup ignorent encore le *Corps Astral*, quoique son existence soit désormais démontrée scientifiquement, notamment par les beaux travaux du colonel de Rochas, et admise par nombre de savants, qui, au lieu d'en rire ou de le nier, — *y ont été voir*, comme on dit vulgairement.

Le corps astral est le *double*, de matière infiniment fine et ténue, du corps physique ; c'est sur lui que le corps physique est moulé.

Il le précède et lui survit, plus ou moins longtemps, mais se désagrège et meurt à son tour, néanmoins.

Les trois principes supérieurs sont les seuls appelés à l'immortalité.

Ils sont à l'état latent et potentiel chez tous les hommes ; il faut les développer, parvenir à en prendre connaissance, les dégager en nous-mêmes, et ce n'est qu'à ce prix que l'on conquiert l'Immortalité.

L'Humanité actuelle est en train d'évoluer son *Manas*, ou âme humaine, le plus bas des trois principes supérieurs.

Chez beaucoup, cette évolution est loin d'être faite. — Combien n'en sont encore qu'à l'âme animale !

Chez presque personne, Buddhi, la *Spiritualité*, aussi supérieure à l'intelligence que l'âme humaine est supérieure à l'âme animale, n'est encore développée, même embryonnairement.

Quant au septième principe, Atmâ, n'en parlons pas.

Les Maîtres seuls, ou Mahatmas, ont évolué actuellement le sixième principe *ou* Buddhi.

Lorsqu'on en est là, on est mûr pour le Nirvâna, et si l'on reste sur la terre, c'est par un libre choix, afin d'attendre et d'aider ses frères, encore loin dans les bas-fonds des sentiers de l'évolution.

La mort est donc une série de *désincarnations successives* des diverses enveloppes qui emprisonnent le *Manas* ou âme humaine, — lequel est le lieu de dépôt de toutes les expériences accumulées de nos vies successives.

Le Corps physique meurt d'abord.

La Vitalité et le Kama, ou âme animale, persistent un certain temps, dans le Corps Astral, qui se désagrège et meurt à son tour.

Enfin l'âme dégagée de ces divers liens, — dégagement qui peut être long ou court, suivant notre degré de développement spirituel, — entre dans un état de conscience particulier, nommé *Dévachan* ; — c'est le paradis des Religions ordinaires.

Voici ce qu'en dit Annie Besant, d'après les Maîtres: « C'est un état mental heureux, où l'âme s'assimile les expériences de la vie qui vient de finir sur la terre, et où elle développe et termine toutes les pensées commencées pendant cette vie.

« Une existence composée de peu de pensées et de peu d'amour sera suivie par un Dévachan insignifiant, tandis qu'une vie remplie de sentiments élevés provoquera un Dévachan très important. — L'amour désintéressé, de nobles pensées, des aspirations pures, et d'autres produits analogues de l'âme, rendent l'état dévachanique heureux. L'espoir, le désir du bien et du progrès de l'humanité, qui n'ont pu être réalisés, peuvent être tellement retravaillés pendant la vie dévachanique, qu'en retournant sur terre, l'âme pourra peut-être les mettre en pratique, ayant appris le Savoir par l'insuccès et la manière d'arriver au résultat par la méditation.

« Les âmes sont séparées les unes des autres par l'illusion de la matière; dans l'état dévachanique, ce voile illusoire est plus léger et plus transparent que sur terre, et, par conséquent, les âmes qui s'aiment s'y trouvent plus unies.

« Le Dévachan est la vie normale de l'âme, et les incarnations successives ne sont que de *courts* intervalles. On dit qu'en moyenne le Dévachan dure quinze siècles, mais cette durée n'est pas fixe, et elle varie dans de très larges limites. »

En somme, la loi étant Une et sans exception, à quelque point qu'on la considère, sous quelque côté qu'on l'envisage, nous sommes les créateurs de notre Dévachan, comme nous sommes les créateurs de notre vie terrestre.

Nous sommes, nous devenons et nous possédons ce que nous voulons.

Après chaque journée, sa paie ; après chaque incarnation, son Dévachan, — jusqu'au jour où, délivrés des Renaissances, nous atteignons au Nirvâna.

Donc ce qui se réincarne, ce sont les principes supérieurs, ou plutôt, actuellement, ce que la Théosophie appelle l'âme, Manas, car Buddhi, ou la Spiritualité, est un principe universel et non une Individualité.

C'est là que réside l'homme véritable, et c'est là ce qui le constitue, nullement son corps physique et cet ensemble de petites passions et de gros appétits, qui, à la mort terrestre, ne le suivront point en Dévachan, mais qu'il retrouvera, en partie, à sa nouvelle incarnation, comme le lourd héritage de son passé.

*
* *

XIII. — Les obstacles à l'obtention d'un bon Karma peuvent être écartés par l'observation des préceptes suivants, préconisés par le code moral du Bouddhisme : (1) Ne tue pas ; (2) ne vole pas ; (3) ne te permets pas les plaisirs sexuels interdits ; (4) ne prends pas de liqueurs alcooliques, ni de drogues soporifiques. Cinq autres préceptes inutiles à énumérer ici doivent être observés par ceux qui veulent obtenir, plus vite que le laïque ordinaire, la délivrance de la misère et des Renaissances.

En résumé, ces prescriptions sont celles qu'on retrouve au fond de toutes les Religions et de toutes les philosophies, plus ou moins développées, présentées sous une forme qui varie suivant les races et les époques, mais identiques dans leur essence, ce qui, à défaut d'autres preuves, — et les preuves abondent, — suffirait à prouver que toutes les Religions sont filles d'une seule mère ; et l'on peut voir que toute la morale et la partie élevée du christianisme, notamment, en dérivent directement, puisque tout cela était dit et enseigné à des centaines de millions de fidèles, bien avant la venue du christianisme.

A cela rien d'étonnant : Moïse avait été élevé par les prêtres Egyptiens qui possédaient la clef de ces Vérités révélées, sous le sceau du secret, aux Initiés des temples anciens, et la Bible n'est que l'exposé *exotérique*, *symbolique*, mis à la portée d'un peuple grossier et d'instincts essentiellement matérialistes, des vérités théosophiques de la Science Occulte.

Mais, à côté de la Bible écrite, où tout est voilé des sept voiles de l'allégorie, Moïse avait laissé aussi un enseignement verbal, bien différent, dont la Kabale est restée le témoignage affaibli.

*
* *

XIV. — Le Bouddhisme désapprouve la crédulité superstitieuse. Gautama Bouddha a enseigné que le devoir d'un père était de faire instruire son enfant dans la science et la littérature. Il a enseigné aussi que nul ne doit croire ce qui est dit par aucun sage, écrit dans aucun livre, ou affirmé par la tradition, à moins que ce ne soit d'accord avec la raison.

Le Bouddhisme est la seule religion, croyons-nous, qui repousse la Foi et n'admette que la *connaissance*, qui remplace la CONVICTION par la CERTITUDE.

En cela, il est absolument d'accord avec la Théosophie.

La première affirmation de la *Société Théosophique*, en effet, est qu'on ne doit rien croire sur la parole d'autrui, et qu'on doit tout VÉRIFIER PAR SOI-MÊME.

Donc ce qu'Elle enseigne, et ce que nous venons d'exposer, ne doit pas être *cru*, *admis*, comme article de foi, appris avec la mémoire et répété, ainsi qu'on répète un catéchisme quelconque, alors même que cela nous paraîtrait conforme à la raison et satisferait notre raison.

La raison n'est pas infaillible.

Il faut s'assimiler ces vérités, en les vérifiant une à une, et ne s'arrêter, nous le répétons, que devant la certitude.

Ici, nous n'avons pu exposer qu'un programme, rapporter que les résultats et les conclusions d'une science : la Science Occulte, qui est aux autres sciences ce que le Soleil serait à une collection de bougies fumeuses.

Si ceux qui liront ces pages, — même sans y croire, et, en effet, ils ne doivent pas croire *a priori*, — sont frappés de la supériorité morale, de la grandeur logique et de la profondeur scientifique de cet enseignement, qui embrasse tout et explique tout, nous aurons atteint notre but.

S'ils veulent pousser l'étude plus loin et connaître réellement cette Théosophie qui a déjà transformé, en partie, le mouvement de l'esprit humain, depuis 1875, époque de la fondation de la *Société Théosophique*, ils n'auront qu'à lire les ouvrages dont nous donnons la liste, à la suite, dans l'ordre où il nous semble qu'ils doivent être abordés pour éveiller peu à peu la compréhension.

FIN

OUVRAGES EN FRANÇAIS

LE LOTUS BLEU. — *Revue théosophique mensuelle, fondée depuis six ans, seul organe, en France, de la Société Théosophique.*

L. DRAMARD. — *La Science Occulte, Etude sur la doctrine Esotérique.*

WILLIAM Q. JUDGE. — *Epitome des doctrines théosophiques.*

ANNIE BESANT. — *Introduction à la Théosophie.*

H. P. BLAVATSKY. — *La clef de la Théosophie.*

A. P. SINNETT. — *Le Bouddhisme Esotérique.*

Dr TH. PASCAL — *La Réincarnation.*

H. S. OLCOTT. — *Catéchisme Bouddhique.*

ANNIE BESANT. — *La Mort et l'Au-delà.*

M. C. — *Lumière sur le sentier.*

E. BURNOUF. — *La Bhagavad Gita, traduit du Sanscrit.*

H. P. BLAVATSKY. — *La voix du Silence.*

Imprimerie de l'Ouest, E. SOUDÉE, Mayenne.

www.ingramcontent.com/pod-product-compliance
Lightning Source LLC
LaVergne TN
LVHW050426160826
845677LV00002BA/552

* 9 7 8 2 3 2 9 6 9 4 3 7 5 *